INCREMENTO DE LA energía

David y Patricia Armentrout

Rourke Educational Media
rourkeeducationalmedia.com

All rights reserved. No part of this book may be reproduced or utilized in any form or by any means, electronic or mechanical including photocopying, recording, or by any information storage and retrieval system without permission in writing from the publisher.

www.rourkepublishing.com

PHOTO CREDITS: © Brian Jackson/iStock: Cover; © Olga Axyutina: Title Page; © Julie Fisher: Header; © Christian J. Stewart: page 4; © Bonnie Jacobs: page 5 top left; © Bjorn Kindler: page 5 top right; © Yenwen Lu: page 5 bottom; © Matthew Porter: page 7 right; © Magnus Johansson: page 7 top right; © luchschen: page 7; © Mark Smith: page 10; © Lilac Mountain: page 11; © Sai Yeung Chan: page 13; © Leon Bonaventura, © Andrey Prokhorov: page 13 inset; © Ronald Sherwood: page 14; © kngkyle2: page 15; © PhotoDisc: page 17 top; © Mark van Vuren: page 17 bottom; © Samuel Acosta: page 19; © Amanda Rohde: page 20; © AVTG: page 21, 43; © Heiko Potthoff: page 22 left; © Peter Garbet: page 22 right; © Slaw Omir Fajer: page 23; © Sandra Caldwell: page 26 right; © dgmata: page 26 left; © Sandra Day: page 27 top right, 31; © Vartanov Anatoly: page 27 left; © General Motors Photo/Jeffery Sauger: page 27 top right; © AM29: page 28; Courtesy: Library of Congress: page 29 top; © Christophe Testi: 29 bottom; © Ben McLeish: page 32; © ArtEfficient: page 33; © Andrew Dernie: page 34; Courtesy: Sandia/Photo by Randy Wong: page 35; © Mona Makela: page 36, 37; © Mark Strozier: page 39; Courtesy: Oregon State University: page 39 inset; © Ralph125: page 40; © Claudia DeWald: page 41; © Leif Norman: page 43 inset; © Laurence Gough: page 44, 45

Edited by Kelli L. Hicks

Cover design by Renee Brady
Interior design by Teri Intzegian

Editorial/Production Services in Spanish
by Cambridge BrickHouse, Inc.
www.cambridgebh.com

Armentrout, David,
Incremento de la energía / David and Patricia Armentrout.
ISBN 978-1-62717-333-9 (soft cover - Spanish)
ISBN 978-1-62717-534-0 (e-Book - Spanish)
ISBN 978-1-60694-704-3 (soft cover-English)

Also Available as:
ROURKE'S e-Books

Rourke Educational Media
Printed in the United States of America,
North Mankato, Minnesota

Rourke Educational Media

rourkeeducationalmedia.com

customerservice@rourkeeducationalmedia.com • PO Box 643328 Vero Beach, Florida 32964

Contenido

CAPÍTULO UNO

La energía

Todos la usamos. De hecho, la usamos todos los días. Pone en marcha nuestras máquinas, calienta nuestros edificios e ilumina las luces de nuestros hogares. Sin ella, el transporte en nuestro mundo moderno sería casi imposible. ¿Qué es? Probablemente ya has adivinado qué es la energía. La energía pone en marcha nuestras vidas. La energía es la capacidad de trabajar, y la utilizamos para producir todo lo que tenemos.

Encontrar suficiente energía para satisfacer las demandas de un mundo hambriento de energía es uno de los mayores desafíos al que nos enfrentamos hoy en día.

Las personas, las plantas y los animales tienen algo en común. Todos necesitan energía para sobrevivir. ¿De dónde viene la energía? La energía proviene de varias fuentes. Las plantas, por ejemplo, toman la energía de la luz del Sol y hacen su propia comida. Los animales obtienen energía de los alimentos que comen. Los animales transforman la energía almacenada en los alimentos en energía que ellos pueden utilizar.

Por supuesto, también podemos obtener energía de los alimentos. Los alimentos mantienen nuestros cuerpos en movimiento, pero también utilizamos energía de otras maneras. Convertimos algunas formas de energía en combustibles para hacer nuestra vida más fácil y más cómoda. Algunos de estos combustibles son los biocombustibles. Los biocombustibles son combustibles en su mayoría de origen vegetal. Algún día los biocombustible pudieran reemplazar a los productos derivados del petróleo, como la gasolina, como la principal fuente de combustible de automóviles y camiones.

CAPÍTULO DOS

Fuentes de energía

Energía renovable

Energía solar

- El calor y la luz son energía solar
- Se renueva cada día que brilla el Sol

Energía del viento

- Energía del movimiento del viento
- Se renueva cada día que sopla en viento

Energía hidroeléctrica

- Energía del movimiento del agua
- Se renueva cada día que se mueve el agua

Energía geotérmica

- Energía del calor y el vapor que viene desde el interior de la Tierra

Energía de la biomasa

- Material vegetal y desechos animales utilizados para generar energía

Según la Administración de Información Energética de Estados Unidos, las fuentes de energía no renovables, incluyendo los combustibles fósiles y la energía nuclear, proporcionan más del 92 % de la energía que el mundo necesita. Las fuentes de energía renovables solo aportan alrededor del 7 %.

Energía no renovable

CARBÓN

- Sólido que toma millones de años en formarse
- Se saca de minas en la tierra

PETRÓLEO

- Líquido que toma millones de años en formarse
- Se bombea desde lo profundo de la Tierra

GAS NATURAL

- Gas incoloro e inodoro, toma millones de años en formarse
- Se bombea desde lo profundo de la Tierra

GAS PROPANO

- Gas natural que se licúa a alta presión y baja temperatura
- Se encuentra junto con el petróleo y el gas natural

ENERGÍA NUCLEAR

- Se almacena en los átomos, las partículas más pequeñas.
- Se usa el uranio, que se saca de minas en la tierra.

CAPÍTULO TRES

Renovable contra no renovable

La biomasa es material vegetal utilizado para hacer biocombustibles y producir bioenergía. Por lo tanto, los biocombustibles son renovables. Las energías renovables como los biocombustibles, la energía solar y la eólica, son importantes para nuestro futuro porque no se gastan. Las fuerzas naturales están en constante renovación o reposición.

Combustible para el pensamiento

Alrededor del 86 % de la energía del mundo proviene de los combustibles fósiles.

A pesar de que usamos energía renovable en algunos lugares, la mayoría de nuestra energía proviene de una fuente no renovable, los combustibles fósiles. Para producir energía quemamos combustibles fósiles, como carbón, petróleo y gas natural.

CAPÍTULO CUATRO

El problema de los combustibles fósiles

El mundo depende de los combustibles fósiles. Los combustibles fósiles baratos han mejorado la calidad de vida para muchas personas. Tratemos de imaginar cómo sería la vida sin gasolina para poner en marcha nuestros vehículos, o sin carbón para producir electricidad. Entonces, ¿cuál es el problema? Empecemos con la contaminación.

Los combustibles fósiles afectan el medioambiente. Causan problemas evidentes como los derrames de petróleo y la contaminación del aire. También pueden causar otros problemas complicados que no son tan fáciles de ver. La **lluvia ácida**, por ejemplo, causada parcialmente por el azufre en los combustibles fósiles, daña edificios y perjudica a los árboles, la vida acuática y los insectos.

La contaminación se mezcla con las nubes y forma lluvia ácida

Combustible para el pensamiento

El dióxido de carbono es un gas de efecto invernadero inodoro e incoloro. La mayor parte del dióxido de carbono en nuestra atmósfera proviene de los incendios forestales, erupciones volcánicas y de la quema de combustibles fósiles.

Algunos científicos también atribuyen el **calentamiento global** a nuestro uso de combustibles fósiles. El calentamiento global es el aumento de la temperatura media de la atmósfera terrestre causada por **gases de invernadero**. Algunos gases de efecto invernadero se producen naturalmente, pero liberamos más a la atmósfera cuando quemamos combustibles fósiles.

Los gases de efecto invernadero actúan como una manta alrededor de la Tierra. Ellos atrapan el calor y calientan el planeta. Sin esta manta, la Tierra sería fría e inhabitable. Sin embargo, si la manta es demasiado pesada, el planeta podría calentarse demasiado.

Los científicos están preocupados de que el calentamiento global vaya a cambiar los patrones del clima de la Tierra. Las temperaturas más cálidas también podrían derretir las capas de hielo masivas, elevando el nivel del mar en todo el mundo. El levantamiento del mar inundaría zonas costeras bajas, desplazando a millones de personas.

¿Los combustibles fósiles producen el calentamiento global? No sabemos con certeza, pero los científicos de todo el mundo están ocupados intentando averiguarlo.

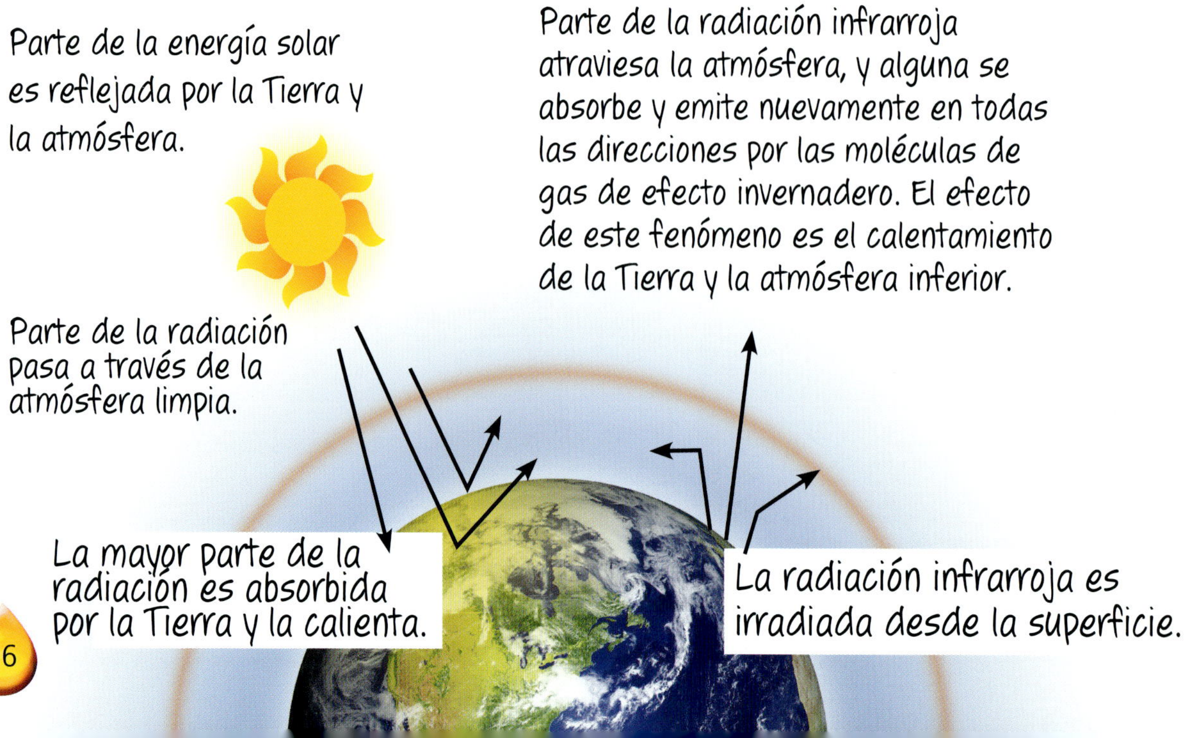

CAPÍTULO CINCO

Volviendo al futuro

Hay otro problema con los combustibles fósiles. Recuerda, son una fuente de energía no renovable. Los expertos dicen que las fuentes de combustibles fósiles del mundo están disminuyendo. Esto podría ocurrir dentro de los próximos 50 a 100 años, tal vez antes. ¿Qué fuentes de energía usaremos a partir de entonces?

Si los combustibles fósiles son una fuente de energía que pronto quedará en nuestro pasado, los biocombustibles pueden ser los combustibles del futuro. Los biocombustibles, sin embargo, no son nuevos, de ninguna manera; las personas los han utilizado durante miles de años.

Combustible para el pensamiento

Como la demanda de los combustibles fósiles aumenta y los suministros escasean, los precios suben. Los combustibles fósiles ya no son tan baratos como antes.

Self
Regular Gasoline 409 9/10
Plus Gasoline 419 9/10
Premium Gasoline 429 9/10

Hace mucho tiempo, el hombre primitivo descubrió la energía del fuego. Descubrió que quemar madera producía calor. Utilizó el calor para cocinar, calentarse y para defenderse de los animales salvajes.

La madera es un tipo de biomasa; fue el primer biocombustible utilizado. Como los árboles crecen casi por todas partes, la madera se convirtió en nuestra primera y más grande fuente de energía térmica. Esto permaneció así durante miles de años.

Combustible para el pensamiento

En los Estados Unidos, la madera ya no es una fuente importante de combustible de biomasa. Según la Administración de Información Energética de Estados Unidos, la madera proporciona el dos por ciento de las necesidades energéticas de los Estados Unidos.

CAPÍTULO SEIS

La biomasa

El uso de la biomasa como combustible parece una buena idea porque hay muchas fuentes de materias primas. La biomasa procede de los animales, las plantas, e incluso de la basura. También incluye el estiércol del ganado, los árboles, la hierba, y los cultivos. Los principales cultivos para producir biomasa incluyen el maíz, la caña de azúcar, la soja y la remolacha azucarera. Algunos tipos de biomasa, como es el caso de la madera, se queman directamente. Algunos se transforman en biocombustibles. En cualquier caso, utilizamos la biomasa porque tiene energía almacenada. Pero, ¿de dónde proviene la energía de la biomasa? Todo comienza con las plantas y la **fotosíntesis**.

CAPÍTULO SIETE

El poder de la fotosíntesis

La mayor parte de la energía que usamos es el resultado de la fotosíntesis; el proceso que usan las plantas para producir alimento. Durante la fotosíntesis, las plantas usan la **clorofila**, un pigmento verde, para capturar la energía del Sol. La energía ayuda a las plantas a transformar el agua y el dióxido de carbono en **glucosa**. Las plantas usan la glucosa, un azúcar simple, como alimento, o la convierten en almidón y lo almacenan para su uso posterior.

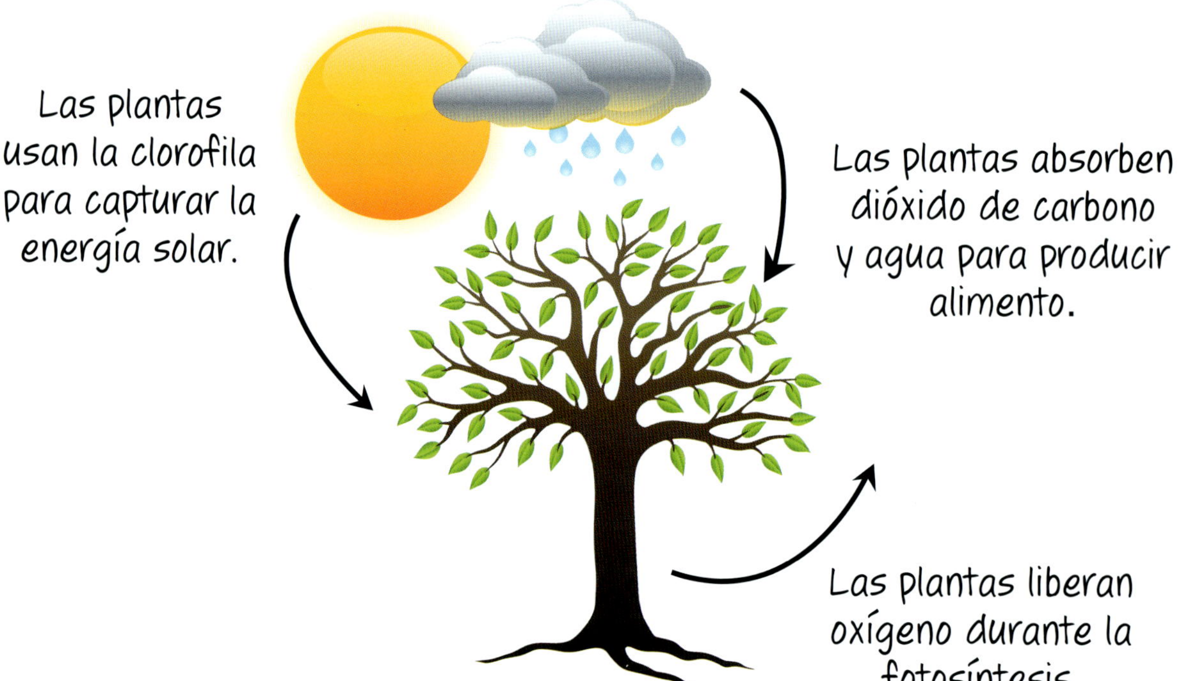

El ciclo del carbono

El carbono es el cuarto elemento más abundante en el universo. Es el bloque de construcción de todos los seres vivos y se encuentra en casi todas partes en la Tierra. El carbono existe en los combustibles fósiles, en el suelo, el agua, las plantas y animales y en nuestra atmósfera, en forma de dióxido de carbono. Liberamos dióxido de carbono cuando quemamos combustibles fósiles y biomasa. A su vez, las plantas absorben algo del gas durante la fotosíntesis. El carbono se mueve constantemente en un ciclo y nunca desaparece. El ciclo del carbono es la forma que tiene la naturaleza de mover el carbono hacia donde es necesario.

Combustible para el pensamiento

Las plantas ayudan a limpiar el aire absorbiendo dióxido de carbono y liberando oxígeno.

ELEMENTO	PARTES POR MILLÓN
Hidrógeno	739,000
Helio	290,000
Oxígeno	10,700
Carbono	4,600
Neón	1,340
Hierro	1,090

CAPÍTULO OCHO

Los biocombustibles

Los combustibles fósiles y los biocombustibles tienen una similitud importante. La energía encerrada dentro de ellos es el resultado de la fotosíntesis. Como la energía de los combustibles fósiles y los biocombustibles proviene del Sol, se podría decir que son una forma de energía solar.

Los combustibles fósiles, fueron formados por los restos de plantas y animales que vivieron hace millones de años (antigua biomasa). Esas plantas y animales almacenaron energía en sus células. Nosotros liberamos esa energía cuando quemamos combustibles fósiles. La biomasa también ha almacenado energía. Las plantas procesadoras de biocombustibles convierten esa energía en los aceites y alcoholes combustibles que utilizamos hoy.

CONTRA

Las plantas absorben dióxido de carbono de la atmósfera para realizar la fotosíntesis.

El etanol se usa como combustible y libera dióxido de carbono a la atmósfera.

Las fábricas de etanol usan plantas para producirlo.

Combustible para el pensamiento

Los animales también se benefician de la fotosíntesis. Como los animales no pueden hacer su propia comida, comen plantas u otros animales que se alimentan de las plantas. Los animales obtienen su energía de los azúcares y almidones de las plantas.

CAPÍTULO NUEVE

El etanol

El etanol es un alcohol combustible procedente de los azúcares que se encuentran en las plantas. Es inflamable y produce energía térmica cuando se quema. Las fábricas de etanol lo producen a partir de muchos tipos de biomasa, especialmente maíz y caña de azúcar. Los agricultores cultivan esta biomasa y la venden a las plantas procesadoras. Los procesadores convierten la biomasa en etanol y lo venden, principalmente para su uso como combustible en vehículos de motor. El etanol es un tipo común de biocombustible porque es fácil de producir.

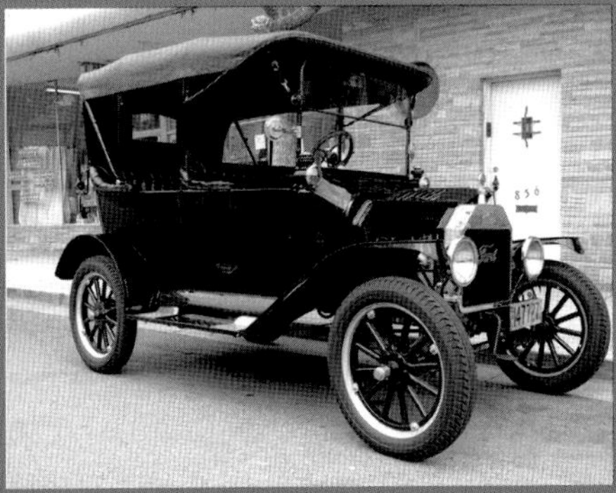

Combustible para el pensamiento

Henry Ford fue un inventor norteamericano y el fundador de la Ford Motor Company. En 1908, la compañía introdujo el automóvil Ford, modelo T. El modelo T, construido para funcionar con gasolina o etanol, fue el primer coche producido en masa en el mundo. Ford apoyó el uso de etanol sobre la gasolina. El etanol, razonó, ayudaría a los agricultores norteamericanos que cultivaran plantas para producir combustible. La gasolina, sin embargo, era más barata que el etanol y pronto se convirtió en el combustible preferido para los fabricantes de automóviles y los consumidores. Henry Ford dijo una vez que creía que el etanol era el combustible del futuro. Quizás tenía razón.

CAPÍTULO DIEZ

El etanol de maíz

El maíz es el cultivo **agrícola** más grande de los Estados Unidos. Los agricultores lo cultivan para alimentar al ganado y para el consumo humano. Cada vez más campesinos producen maíz para abastecer de biomasa cruda a la **industria** del etanol de Estados Unidos.

Las fábricas de etanol añaden **enzimas** a tanques gigantes llenos de maíz. Las enzimas ayudan a convertir el azúcar del maíz en alcohol en un proceso llamado fermentación. El producto terminado, etanol, se agrega a la gasolina para hacer gasohol. El gasohol es una mezcla de 90 % de gasolina y 10 % de etanol. También conocido como E10, el gasohol está disponible en las gasolineras de los Estados Unidos. La mayoría de los motores queman gasohol tan fácilmente como queman gasolina.

Combustible para el pensamiento

A algunos expertos les preocupa que los agricultores no puedan cultivar suficiente maíz para satisfacer nuestras necesidades alimenticias y de combustibles.

CAPÍTULO ONCE

El etanol de caña de azúcar

Algunas formas de biomasa son mejores productoras de etanol que el maíz. Brasil, por ejemplo, usa la caña de azúcar. Los expertos señalan que una hectárea de caña de azúcar produce cerca de 700 galones de etanol, mientras que una hectárea de maíz produce solo 350 galones.

La caña de azúcar se corta y se procesa.

En un esfuerzo por reducir su dependencia del **petróleo** extranjero, Brasil exige que todos los combustibles para vehículos de motor contengan por lo menos el 24 % de etanol. El uso del etanol por parte de Brasil ha reducido enormemente la cantidad de petróleo que compra.

CAPÍTULO DOCE

Los cultivos energéticos

Muchos científicos creen que la mejor estrategia para producir etanol a partir de la biomasa es utilizar cultivos energéticos en lugar de cultivos alimentarios. Los cultivos energéticos incluyen árboles como el álamo y pastos nativos como el pasto varilla, de crecimiento rápido. Los cultivos energéticos requieren menos fertilizantes y son más productivos. Los cultivos energéticos, cosechados en granjas igual que los cultivos alimentarios, son mejores para el medio ambiente y son más baratos de producir.

La quema de biomasa contamina el aire, liberando dióxido de carbono. Pero, a diferencia de los combustibles fósiles, los cultivos de biomasa absorben una cantidad igual de dióxido de carbono durante la fotosíntesis. Además, la biomasa no libera azufre, que es el principal responsable de la lluvia ácida.

CAPÍTULO TRECE

El biodiésel

Muchos vehículos grandes como los camiones, autobuses, barcos y equipos de construcción generalmente tienen motores diésel. Los motores diésel funcionan con combustible diésel transformado a base de petróleo, un combustible fósil. El biodiésel es un combustible para motores diésel hecho con aceite vegetal o grasas animales. El aceite de soja y el aceite de canola son dos aceites vegetales usados para producir biodiésel.

Usar biodiésel tiene muchas ventajas sobre el uso de diésel de petróleo. Para empezar, es vegetal, por lo tanto es una energía renovable.

En segundo lugar, el biodiésel lubrica las partes móviles del motor mejor que el diésel de petróleo, así que reduce el desgaste de los motores. Además, los gases de escape del biodiésel no huelen mal (¡Algunos dicen que huele a palomitas de maíz!) y no emite gases nocivos que contribuyen a la lluvia ácida.

Combustible para el pensamiento

Se necesita menos energía para producir biodiésel de los aceites de las plantas que la que se necesita para destilar maíz para obtener etanol.

Algunos científicos están entusiasmados con el potencial de las **algas** como fuente de biodiésel. Las algas son plantas aceitosas que crecen rápidamente. Si se cultivan en las condiciones adecuadas, las algas pueden doblar su tamaño en cuestión de horas. Las algas también pueden recolectarse todos los días.

La producción de algas es cara. Sin embargo, las compañías petroleras, las universidades y el Laboratorio Nacional de Energía Renovable, están experimentando con las algas. Ellos esperan encontrar una manera eficiente de hacerlas crecer. Las algas podrían algún día convertirse en una importante fuente de biomasa.

Combustible para el pensamiento

¡Los científicos creen que las algas pudieran producir 5,000 galones de biocombustible por acre!

CAPÍTULO CATORCE

El biogás

El biogás es un gas liberado cuando se descompone la materia **orgánica**, tal como la biomasa de plantas, los residuos de animales y la basura de los vertederos.

El metano es un potente biogás que se forma en los vertederos. Se forma poco a poco, cuando se descompone la basura debajo del suelo por la presión. El metano de los vertederos es altamente inflamable, limpio, ardiente y renovable. Las centrales usan metano para producir electricidad. El biogás metano es también valioso para cocinar y como combustible para la calefacción.

Combustible para el pensamiento

¿Pueden los excrementos de los elefantes convertirse en nuestra nueva gran fuente de biogás? Tal vez, los elefantes y otros animales de los zoológicos ya proporcionan biomasa. El Zoo de Dallas tiene un plan para convertir el estiércol y los desechos vegetales en energía. En vez de pagar para botar los residuos de los animales, el zoológico los utiliza para producir biogás. El biogás hace funcionar un generador para producir electricidad para el zoológico.

CAPÍTULO QUINCE

La bioenergía

La bioenergía es otra forma de utilizar la energía de la biomasa. Las centrales de bioenergía generan electricidad mediante la quema de biomasa. Ellas funcionan como las plantas de energía de combustibles fósiles. La gran diferencia es el combustible que usan. Las centrales bioenergéticas queman residuos y desechos agrícolas, forestales y también de la industria.

La mayoría de las centrales eléctricas queman combustibles en hornos gigantes. Los hornos hierven el agua, que se convierte en vapor. El vapor hace girar una **turbina**. La turbina hace girar un imán alrededor de una bobina de alambre, lo que genera electricidad.

La basura forestal es recolectada
y quemada como bioenergía.

CAPÍTULO DIECISÉIS

El rompecabezas energético

¿Podemos solucionar el rompecabezas energético antes de que sea demasiado tarde? Mentes brillantes y trabajadores infatigables están tratando de juntar las piezas. Los biocombustibles y otras energías renovables parecen ofrecer esperanza para un mundo hambriento de energía, pero los expertos tendrán primero que superar muchos desafíos.

Muy pronto, un científico motivado encontrará la pieza que falta en el rompecabezas energético del mundo. ¡Tal vez seas tú!

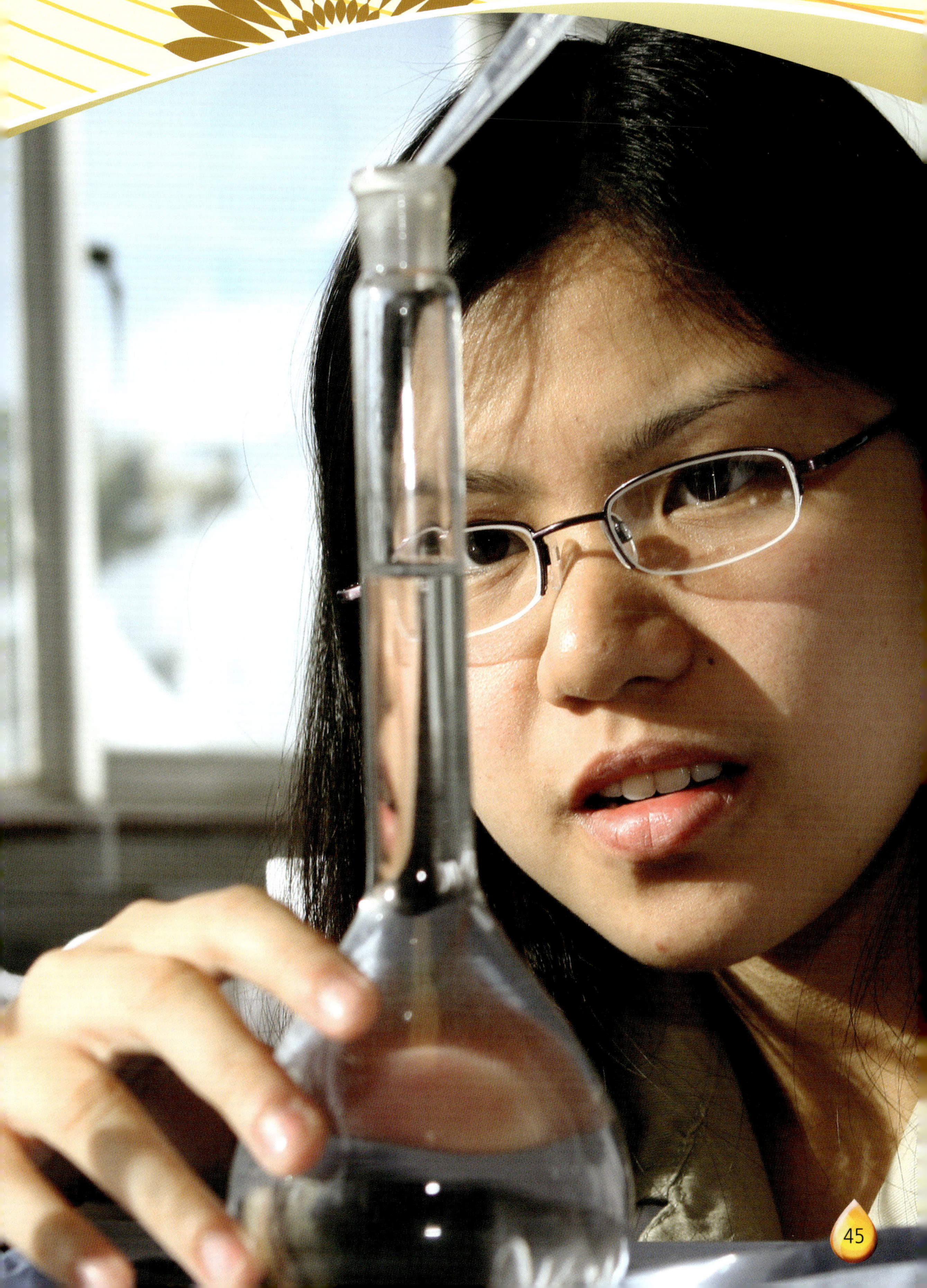

Glosario

agrícola: relacionado con el negocio de cultivar plantas y criar animales

algas: plantas que crecen en el agua

calentamiento global: elevación de la temperatura del agua y el aire de la Tierra ocasionada por los gases de invernadero

clorofila: pigmento verde de las plantas

dióxido de carbono: gas incoloro e inodoro

eficiente: trabajo sin malgasto de energía

emisiones: sustancias químicas dañinas liberadas a la atmósfera

enzimas: proteínas que causan reacciones químicas

fotosíntesis: proceso químico mediante el cual las plantas producen sus alimentos

gas de invernadero: gas que atrapa calor en la atmósfera

glucosa: azúcar producida por una planta

industria: compañías manufactureras y otros negocios

lluvia ácida: lluvia contaminada producida por la quema de combustibles fósiles

orgánico: de origen biológico

petróleo: crudo, sustancia de la que se hace la gasolina

turbina: motor impulsado por aire, agua, vapor o un gas

Índice

Más lectura

Solway, Andrew. Biofuels. Gareth Stevens Publishing, 2007.
Storad, Conrad J. Fossil Fuels. Lerner Publications, 2007.
Wheeler, Jill. Renewable Fuels. ABDO Publishing, 2007.

Sitios de la internet

www.eia.doe.gov/kids/energyfacts
http://science.howstuffworks.com/energy-channel
http://powerhousekids.com

Sobre los autores

David y Patricia Armentrout se especializan en libros de no ficción para niños. Les gusta explorar diferentes temas y han escrito acerca de muchos temas, incluidos los deportes, los animales, la historia y las personas. A David y a Patricia les gusta pasar su tiempo al aire libre con sus dos hijos y su perro Max.